Livret de Catholicité

Reprenant l'ensemble des étapes de la vie chrétienne d'une personne catholique

Une idée de : père Jean Joseph, ssadj
Illustrations : Dolores Giméno-Marin

© 2017 – Éditions Chrétiennes Francophones, Belgique
ISBN : 978-2-87585-002-7
Dépôt légal : D/2017/13.128/2

Ce livre retrace la vie chrétienne et catholique de :

....

(prénom)

Naissance

« Seigneur, c'est sur toi que je m'appuie depuis ma naissance, toi qui m'as fait sortir du sein maternel : tu es ma louange à jamais ! » *(Psaume 71 ; 6)*

Le ....
      (jour)   *(mois)*   *(année)*

À ....h.................

A vu la naissance de :

....
(prénoms)

Lieu : ....

....

Parents :

Père : ....

   né le : ....à ....

   baptisé le :..........................à ....

Mère : ....

   née le : ....à ....

   baptisée le : ....à ....

Mariés religieusement le ....

   À : ....

Baptême

« Je vous baptise, au nom du Père,
du Fils, et du Saint-Esprit. »

Le ....
    (jour)   *(mois)*   *(année)*

À .... h ....

A été baptisé :

....
(prénom (nom de baptême) et nom)

Lieu : ....

....

Célébrant : ....

Parrains :

Parrain : ....

    né le : ....à ....

    baptisé le :...........................à ....

Marraine : ....

    née le : ....à ....

    baptisée le : ....à ....

Sceau et/ou signature(s) :

Confirmation

« Je vous marque du signe de la Croix et je vous confirme
par le Chrême du salut,
au nom du Père, et du Fils, et du Saint-Esprit. »

A reçu le Sacrement de Confirmation

Le : ....

À .... h ....

Des mains de : ....

Lieu : ....

....

Parrain : ....

né le : ....à ....

baptisé le :......................à ....

Marraine : ....

née le : ....à ....

baptisée le : ....à ....

Sceau de la paroisse et/ou signature du curé :

Première Communion

« Voici l'Agneau de Dieu, qui enlève les péchés du monde… Que le Corps de Notre Seigneur Jésus Christ garde votre âme pour la vie éternelle. »

A fait sa
Première Communion

Le : ....

À .... h ....

Lieu : ....

....

Communion Solennelle ou Profession de Foi

A fait sa
Communion solennelle – Profession de Foi

Le : ....

À .... h ....

Lieu : ....

....

Catéchèse

« Allez donc, enseignez toutes les nations,
leur apprenant à garder tout ce que je vous ai commandé. »
(Mt 28 : 19-20)

Niveau : ....

Lieu : ....

Année : ....

....

Niveau : ....

Lieu : ....

Année : ....

....

Niveau : ....

Lieu : ....

Année : ....

....

Niveau : ....

Lieu : ....

Année : ....

....

Niveau : ....

Lieu : ....

Année : ....

....

Niveau : ....

Lieu : ....

Année : ....

....

Niveau : ....

Lieu : ....

Année : ....

....

Niveau : ....

Lieu : ....

Année : ....

....

Niveau : ....

Lieu : ....

Année : ....

....

Niveau : ....

Lieu : ....

Année : ....

....

Notes : ....

....

....

....

....

....

....

....

Mariage

« l'homme s'attachera à sa femme,
et ils deviendront une seule chair. » *(Gen. 2 ; 24)*

S'est engagé dans les liens du Sacrement de Mariage

Avec : ....

....

Né le : ....à : ....

Baptisé le : ....à : ....

Père : ....

Mère : ....

Le : ....à ....h...............

Devant : (célébrant) ....

Lieu : ....

....

Furent témoins : ....

....

Mariés civilement le : ....

Lieu : ....

Notes : ....

....

Enfants

« Soyez féconds, multipliez, remplissez la terre »
(Gen. 1 ; 28)

1. Prénoms : ....
....

Né le : ....

Lieu : ....

Baptisé le : ....

Lieu : ....

Première Communion le : ....

Lieu : ....

Confirmation le : ....

Lieu : ....

2. Prénoms : ....
....

Né le : ....

Lieu : ....

Baptisé le : ....

Lieu : ....

Première Communion le : ....

Lieu : ....

Confirmation le : ....

Lieu : ....

3. Prénoms : ....

....

Né le : ....

Lieu : ....

Baptisé le : ....

Lieu : ....

Première Communion le : ....

Lieu : ....

Confirmation le : ....

Lieu : ....

4. Prénoms : ....

....

Né le : ....

Lieu : ....

Baptisé le : ....

Lieu : ....

Première Communion le : ....

Lieu : ....

Confirmation le : ....

Lieu : ....

5. Prénoms : ....

....

Né le : ....

Lieu : ....

Baptisé le : ....

Lieu : ....

Première Communion le : ....

Lieu : ....

Confirmation le : ....

Lieu : ....

6. Prénoms : ....

....

Né le : ....

Lieu : ....

Baptisé le : ....

Lieu : ....

Première Communion le : ....

Lieu : ....

Confirmation le : ....

Lieu : ....

7. Prénoms : ....

....

Né le : ....

Lieu : ....

Baptisé le : ....

Lieu : ....

Première Communion le : ....

Lieu : ....

Confirmation le : ....

Lieu : ....

8. Prénoms : ....

....

Né le : ....

Lieu : ....

Baptisé le : ....

Lieu : ....

Première Communion le : ....

Lieu : ....

Confirmation le : ....

Lieu : ....

9. Prénoms : ....

....

Né le : ....

Lieu : ....

Baptisé le : ....

Lieu : ....

Première Communion le : ....

Lieu : ....

Confirmation le : ....

Lieu : ....

10. Prénoms : ....

....

Né le : ....

Lieu : ....

Baptisé le : ....

Lieu : ....

Première Communion le : ....

Lieu : ....

Confirmation le : ....

Lieu : ....

11. Prénoms : ....

....

Né le : ....

Lieu : ....

Baptisé le : ....

Lieu : ....

Première Communion le : ....

Lieu : ....

Confirmation le : ....

Lieu : ....

12. Prénoms : ....

....

Né le : ....

Lieu : ....

Baptisé le : ....

Lieu : ....

Première Communion le : ....

Lieu : ....

Confirmation le : ....

Lieu : ....

13. Prénoms : ....
....

Né le : ....

Lieu : ....

Baptisé le : ....

Lieu : ....

Première Communion le : ....

Lieu : ....

Confirmation le : ....

Lieu : ....

14. Prénoms : ....
....

Né le : ....

Lieu : ....

Baptisé le : ....

Lieu : ....

Première Communion le : ....

Lieu : ....

Confirmation le : ....

Lieu : ....

L'Ordre

« après avoir prié, ils leur imposèrent les mains »

(Actes 6 ; 6)

A pris la soutane le : ....

Des mains de : ....

Lieu : ....

———————————— · ————————————

A reçu la Tonsure le : ....

Des mains de : ....

Lieu : ....

———————————— · ————————————

A reçu l'Ostiariat le : ....

Des mains de : ....

Lieu : ....

———————————— · ————————————

A reçu le Lectorat le : ....

Des mains de : ....

Lieu : ....

———————————— · ————————————

A reçu l'Exorcistat le : ....

Des mains de : ....

Lieu : ....

A reçu l'Acolytat le : ....

Des mains de : ....

Lieu : ....

————————— • —————————

A reçu le Sous-Diaconat le : ....

Des mains de : ....

Lieu : ....

————————— • —————————

A reçu l'Ordination au Diaconat le : ....

Des mains de : ....

Lieu : ....

————————— • —————————

A reçu l'Ordination au Sacerdoce le : ....

Des mains de : ....

Lieu : ....

Notes : ....

....

....

....

....

....

....

....

....

....

....

....

Profession religieuse
Vœux et Promesses

Type : ....

Au sein de : ....

....

Reçu par : ....

Lieu : ....

Date : ....

Type : ....

Au sein de : ....

....

Reçu par : ....

Lieu : ....

Date : ....

Type : ....

Au sein de : ....

....

Reçu par : ....

Lieu : ....

Date : ....

Type : ....

Au sein de : ....

....

Reçu par : ....

Lieu : ....

Date :..

Type : ....

Au sein de : ....

....

Reçu par : ....

Lieu : ....

Date :..

Type : ....

Au sein de : ....

....

Reçu par : ....

Lieu : ....

Date :..

Type : ....

Au sein de : ....

....

Reçu par : ....

Lieu : ....

Date :..

Type : ....

Au sein de : ....

....

Reçu par : ....

Lieu : ....

Date :..

Type : ....

Au sein de : ....

....

Reçu par : ....

Lieu : ....

Date :..

Œuvres / Associations

« Là où sont la charité et l'amour, là est Dieu. »

Dénomination : ....
....

Fonction : ....
....

Lieu : ....

Du ....au ....

——————————— · ———————————

Dénomination : ....
....

Fonction : ....
....

Lieu : ....

Du ....au ....

——————————— · ———————————

Dénomination : ....
....

Fonction : ....
....

Lieu : ....

Du ....au ....

Dénomination : ....
....

Fonction : ....
....

Lieu : ....

Du .... au ....

———————————— • ————————————

Dénomination : ....
....

Fonction : ....
....

Lieu : ....

Du .... au ....

———————————— • ————————————

Dénomination : ....
....

Fonction : ....
....

Lieu : ....

Du .... au ....

Dénomination : ....

....

Fonction : ....

....

Lieu : ....

Du ....au ....

——————————————— · ———————————————

Dénomination : ....

....

Fonction : ....

....

Lieu : ....

Du ....au ....

——————————————— · ———————————————

Dénomination : ....

....

Fonction : ....

....

Lieu : ....

Du ....au ....

Dénomination : ....

....

Fonction : ....

....

Lieu : ....

Du .... au ....

———————————— · ————————————

Dénomination : ....

....

Fonction : ....

....

Lieu : ....

Du .... au ....

———————————— · ————————————

Dénomination : ....

....

Fonction : ....

....

Lieu : ....

Du .... au ....

Dénomination : ....

....

Fonction : ....

....

Lieu : ....

Du ....au ....

———————————— · ————————————

Dénomination : ....

....

Fonction : ....

....

Lieu : ....

Du ....au ....

———————————— · ————————————

Dénomination : ....

....

Fonction : ....

....

Lieu : ....

Du ....au ....

Dénomination : ....

....

Fonction : ....

....

Lieu : ....

Du .... au ....

————————— • —————————

Dénomination : ....

....

Fonction : ....

....

Lieu : ....

Du .... au ....

————————— • —————————

Dénomination : ....

....

Fonction : ....

....

Lieu : ....

Du .... au ....

Dénomination : ....

....

Fonction : ....

....

Lieu : ....

Du ....au ....

———————————— · ————————————

Dénomination : ....

....

Fonction : ....

....

Lieu : ....

Du ....au ....

———————————— · ————————————

Dénomination : ....

....

Fonction : ....

....

Lieu : ....

Du ....au ....

Dénomination : ....
....

Fonction : ....
....

Lieu : ....

Du .... au ....

———————————— · ————————————

Dénomination : ....
....

Fonction : ....
....

Lieu : ....

Du .... au ....

———————————— · ————————————

Dénomination : ....
....

Fonction : ....
....

Lieu : ....

Du .... au ....

Dénomination : ....
....

Fonction : ....
....

Lieu : ....

Du ....au ....

———————————————— · ————————————————

Dénomination : ....
....

Fonction : ....
....

Lieu : ....

Du ....au ....

———————————————— · ————————————————

Dénomination : ....
....

Fonction : ....
....

Lieu : ....

Du ....au ....

Dénomination : ....

....

Fonction : ....

....

Lieu : ....

Du .... au ....

———————————— . ————————————

Dénomination : ....

....

Fonction : ....

....

Lieu : ....

Du .... au ....

———————————— . ————————————

Dénomination : ....

....

Fonction : ....

....

Lieu : ....

Du .... au ....

Dénomination : ....

....

Fonction : ....

....

Lieu : ....

Du ....au ....

———————————————— · ————————————————

Dénomination : ....

....

Fonction : ....

....

Lieu : ....

Du ....au ....

———————————————— · ————————————————

Dénomination : ....

....

Fonction : ....

....

Lieu : ....

Du ....au ....

Rappel à Dieu

« Notre Sauveur Jésus-Christ a détruit la mort et a mis en
lumière la vie et l'immortalité par l'Evangile. »
(2 Tim. 1 ; 10)

S'est endormi
dans l'espérance de la résurrection

Le : .... à .... h.............

Lieu : ....

....

Muni de l'extrême onction *(biffer si nécessaire)*.

Les obsèques ont eu lieu

Le : .... à .... h.............

Lieu : ....

....

Repose au cimetière de

Lieu et emplacement : ....

....

Notes : ....

....

....

....

Notes

....

....

....

....

....

....

....

....

....

....

....

....

....

....

....

....

....

....

....

....

....

....

....

....

....

....

....

....

....

....

....

....

....

....

....

....
....
....
....
....
....
....
....
....
....
....
....
....
....
....
....
....
....

....

....

....

....

....

....

....

....

....

....

....

....

....

....

....

....

....

....

....
....
....
....
....
....
....
....
....
....
....
....
....
....
....
....
....
....
....

....
....
....
....
....
....
....
....
....
....
....
....
....
....
....
....
....
....
....

....
....
....
....
....
....
....
....
....
....
....
....
....
....
....
....
....
....

....

....

....

....

....

....

....

....

....

....

....

....

....

....

....

....

....

....

Table